구름 사탕나무

글/그림 전현

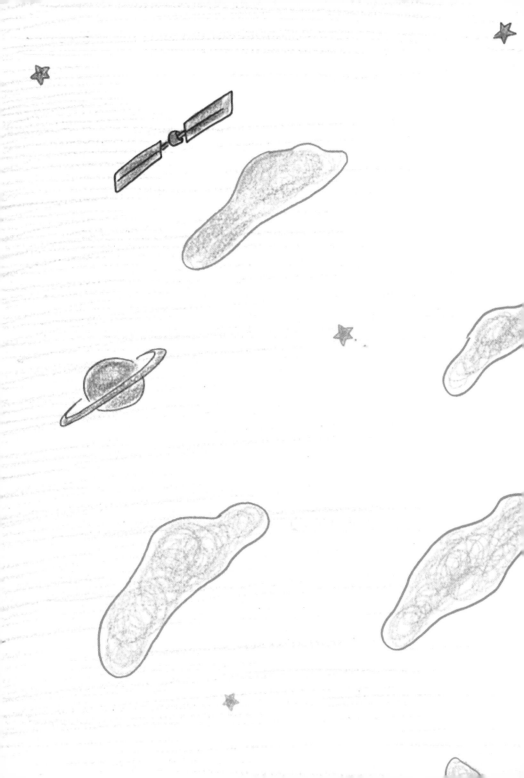

우리 아빠는 세상에서 가장 키가 큰 나무야.

지나가던 구름 위에
애정을 담아
그림 편지를 적었고,

지나가는 새들을 위해
구름을 돌돌 말아
구름 사탕을 만들어주셨지.

나는 그런 아빠가 너무 좋았어.

그 날도 어린 새들이 몰려와
아빠의 구름 사탕을 쪼아 먹었지.
어린 나뭇가지였던 나는 그게
얼마나 간지러웠는지 몰라.

넓은 광장에 버려졌어.
사람들은 먹다 남은 구름 사탕
나뭇가지를 처음 봤던지
선뜻 다가오지 않았어.

나는 한 줌밖에 되지 않는
흙 위에 비집고 들어가기로 했어.
청소부 아저씨가 휴가를 떠나서
그나마 다행이었지.

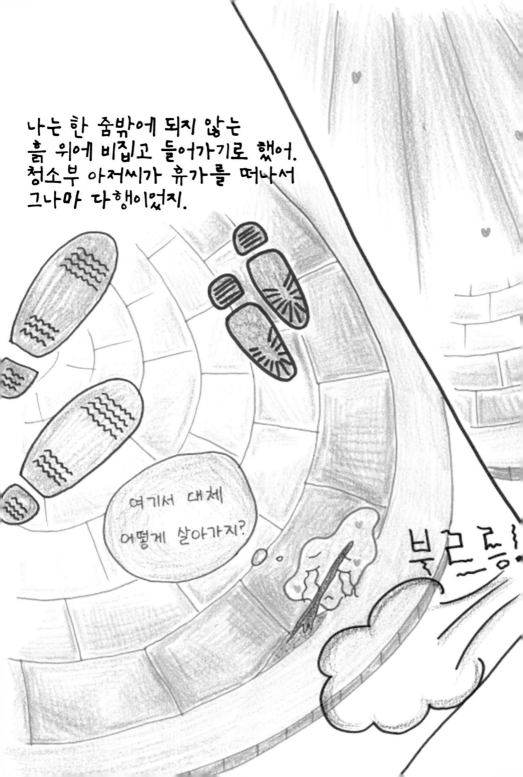

내가 그렇게 좌절할 때쯤,
햇빛과 단비가 나를 찾아와서는
아빠가 날 그리워하더라는
소식을 전해줬어.

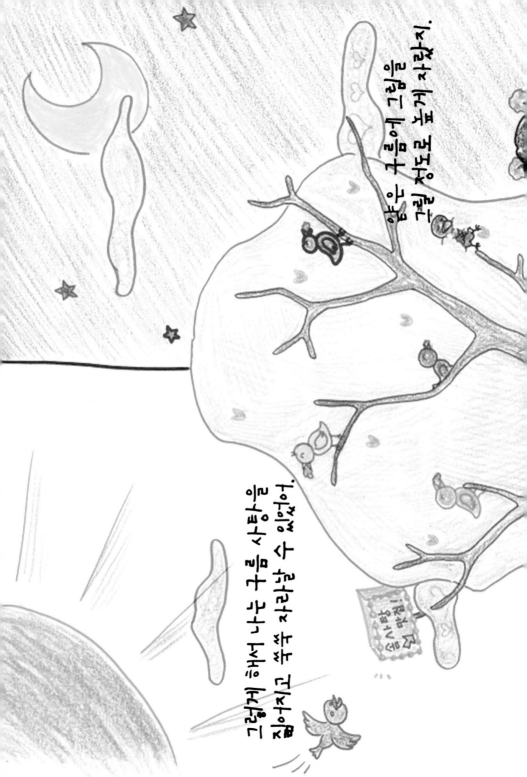

그날 밤 공주는 차가운 땅에 그 입을 대고 차갑게 죽어 갔지.

그렇게 해서 나는 누룽 사탕을 잃어지고 쭉쭉 차라남을 수 있었어.

봄에는 구름 사이에
팝콘 눈꽃이 피어서

여름엔 팝콘 비를 뿌렸지

하늘이 뿌예지면서 미세먼지가 내 구름 사탕을
뒤덮었어. 난 재채기를 하며 가지를 흔들어 대었고,
그 때마다 내 구름 사탕들은 하나 둘씩 떨어져
나갔단다.

구름 사탕이 다 사라져
버리자 사람들은 나를 굳이
찾으러 오지 않았어.

흔한 나무들 중 하나가 되었지.
그래도 바람에 날려 온 비닐봉지와
마스크가 있어서 조금 덜 외로웠어.

그런데 그 모습을 보고 사람들이 여기저기서
쓰레기를 모아 놓은거야.

내가 쓰레기를 좋아하는 줄 알았던 모양이지.
사실 너무나 힘든 순간들이었어.

난 점점 썩어갔어.
언제 죽어도 이상하지 않을 나무였지.
난 그 광장의 흉물이 되어갔어.

그들은 결국 나를 잔인하게 베어 버렸어.
그리곤 멋들어진 상록수들로 나를 가렸지.
도시 미관을 해친다고 말이야.
그래서 나는 아빠와 지내던 시절을 회상하는 것
외엔 다른 일을 할 수 없었어.

한여름 땡볕 아래에서도
나무에게 노래하던 매미까지

봄을 알리는
~파르를
리던
~큰 눈꽃들...

그게 다 꿈이었나 싶었어.
하지만 나무 향이 아직 남아 있었던 걸까?

처음엔 새싹이,

그 다음엔 나

지가 올라왔고,

그 곳에 원앙 같은 한 쌍의 새가
둥지를 틀었지.

그 새들 중 한 마리가 소곤거렸어.

구름사탕 나무
있던 자리

내 구름사탕이
나에게 화고있어

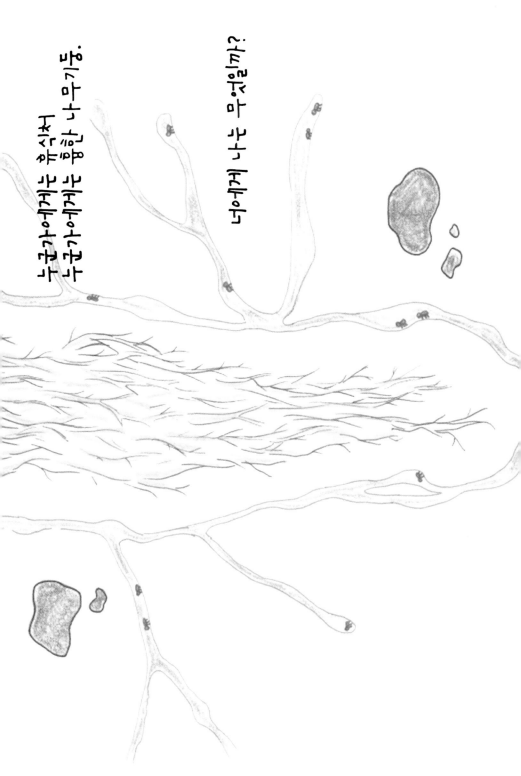

우리에게서 나무 냄새가 나요?

우리에게서 꽃향기가 나네요.
우리에게서 별빛 냄새가 나기도 하고요.

글/그림 전 현

선교원에서 6살 아이들을 가르쳤고, 원주와 군포에서 동화책 공부를 하였습니다. 7살 딸이 동화같지 않은 세상 속에서도 씩씩하고 밝게 자라기를 바라면서 동화책을 쓰고 그립니다.

구름사탕나무

초판 1쇄 발행 2021년 1월 22일
지은이_ 전 현
펴낸 이_ 김동명
펴낸 곳_ 도서출판 창조와 지식
디자인_ 전 현
인쇄처_ (주)북모아

출판등록번호 제2015-000037호
주소_ 서울특별시 강북구 덕릉로 144
전화_ 1644-1814
팩스_02-2275-8577

ISBN 979-11-6003-295-6 77810

정가 18000원